명은애 제 4시집

봄비 연인

책펴냅열린시

• 본 도서는 2024년 부산광역시, 부산문화재단 지역문화예술특성화지원사업으로 지원을 받았습니다.

가슴에 내리는 시 136

봄비 연인

지은이 명은애
펴낸이 최명자

펴낸곳 책펴냄열린시
주소 (48932)부산광역시 중구 동광길 11, 203호
전화 010-4212-3648
출판등록번호 제1999-000002호
출판등록일 1991년 2월 4일

인쇄일 2024년 04월 3일
발행일 2024년 04월 5일

ⓒ명은애, 2024. Busan Korea
값 12,000원

ISBN 979-11-88048-91-5 03810

• 저자와 협의하여 인지를 붙이지 않습니다.
• 잘 못된 책은 바꿔 드립니다.
• 이 책의 내용 중 일부 또는 전부를 저자 및 출판사의 동의없이 사용하지 못합니다.

□ 자서

다대포 고니길을 걸었다. 길을 돌면 길 끝에 비가 있다 내 속의 나일 지어도 비는 늘 내 가까이에 있다.
때론 친구처럼 때론 애인처럼 위안을 주는 봄비다.
허기로 빛나는 백지 앞에 잠시 길을 잃는다.
언어에 목말라 입술이 메말라갈 때 봄비는 빗금에 품은 몸을 해산한다.
새벽 두시를 젖게 하는 속내를 다 드러내 보인 봄비에 젖어 본다.

2024. 봄
명은애

목차…4
자서…3

제 1 부

구메밥 1…11
구메밥 2…12
은행알로 남기…13
포노시트…14
은행나무 낙서…15
해미 깊은 날…16
노을을 입다…17
꽃 먹는 물고기…18
못 다 쓴 편지…19
시클라멘의 겨울…20
봄비 연인…22
그림자 읽기…23
눈물에게…24
아픈 행복…25
구월 비…26
물고기자리 여자…27
발등을 찍다…28
바람을 조율하다…29
금요일 바다…30
남이섬 은행나무…31

낙엽 지는 오후…32

제 2 부

정동진행…35
별 내리는 밤…36
나의 칼…37
애인을 찾아 나서다…38
공원 의자…39
촛불 춤…40
비를 맞다…41
지하철 타러 가는 길…42
노란 눈꽃…43
지붕 낮은 집…44
구포시장…45
서포에서…46
채송화…47
덤…48
그럼에도 기침소리…49
붕어빵 시간…50
버려진 장롱…51
하얀 채송화…52
유자나무에 바람…53
꼬마 국화…54
나직이 불러보는 이름…55
몰운대의 봄…56

끝사랑…58

제 3 부

기차표를 끊다…61
달에 가다…62
시를 읽는 낙타…63
속 불…64
춤추는 음계…65
물안개를 보며…66
마침표를 찍은 남자…67
잃어버린 시간…68
공중 침대…70
지하철 정거장에서…71
보이지 않는 비상구…72
나의 네비게이션…73
바람결에 실려 온 향기…74
젖은 바닥에 가다…75
내게 오지 않는 이들…76
철구의 모래퉁…78
다 하지 못한 인연…79
나의 상사화…80
홍가시나무…81
다대포 노을 앞에서…82
까치 날아들다…83
젖은 길…84

제 4 부

기차를 타다…87
동행…88
그린 장미에 끌리다…90
눅눅한 벽…91
저녁 8시에…92
절대 고독…93
시간을 분양하다…94
늙지 않는 의자…96
단풍나무 선물…97
구름을 먹다…98
강물 소리…100
비가 전하는 말…101
마른 잠에 파도를 타다…102
벌판에서…103
이수도 선착장…104
보이지 않는 남자…105
그리운 소금꽃…106
칠 센티…107
생일…108
번개 몽타주…109

〈해설〉 외롭고 쓸쓸함, 그 후유증-강영환…110

제 1 부

구메밥 1

그는 늘 강의실 뒤 끝자리에 앉았다
함께 섞이는 호흡과 분리되고
강의와도 무관한 모습으로 창밖을 보며
바람 뼈 자라는 소리에 귀 기울였다
해진 청바지에 낡은 군화
멋지지 않았으나 멋지게
내 동공을 빛나게 했던 그는
점심시간이 되면 벚꽃과 눈 맞추며
밥을 술 마시듯 삼키고도 취하지 않았다
니체를 눈에다 스케치하고
바람에 쓸리는 낙엽에 솜털 세우며
강의실에서 식당까지 걸음 수를 세던 철학 노트가
최루탄에 젖던 날
그는 학장동 벽돌 담장 안에 발자국을 가뒀다
삼월이 시월로 뜯겨진 날들은 복원되지 않고
학우들이 넣어주는 구메밥*에도
손에 잡히지 않는 선배 빈 도시락은
내내 취하지 않았다

구메밥 2

눈보라에 덮인 추풍령을 넘었다
천안은 눈안개로 그늘지고
자동차 경적으로 삼거리는 귀가 먹었다
답사 못 한 눈시울이 눈꽃 핀 시침을 방목해
구메밥 먹던 그를 찾았지만
수신되지 않은 편지가
삼거리 로터리를 맴도는 중이라
나는 중얼거린다
차창 너머 미로 한 겹 지나면 또 한 겹
마른 수피 사이에 자퇴가 푸른 얼굴로 서 있다
손가락 닿지 않는 출렁거리는 눈빛이
겨울 어귀 두고 간 발자국에
눈이 쌓인다
차 안도 파묻힌다
흰빛 적막은 남자의 얼굴을 쉽게 놓지 못한 채
붙박이 의자에 오롯이 묶었다

*구메밥:감옥에 갇힌 죄수에게 벽구멍으로 몰래 들여보내는 밥.

은행알로 남기

서면 문화로 은행나무 아래
발걸음이 향기를 피한다
어깨를 움츠리거나 날선 까치발로
은행나무와 도피 거리를 만든다
여름내 햇살에 쌓아온 순결이
노랗게 숙성되는 시월
나무는 만삭을 풀기 시작한다
갈마바람 빌딩 숲을 손에 쥐고
해코지에 떨어지는 은행알 숨이 가쁘다
밤새 쌓인 지독한 저주는
해독되지 않은 모르스 부호를 띄우고
새벽을 닦는 미화원 싸리비에 발굴된다
손끝에서 살 털리는 시린 알들
눈시울에 황달이다

포노시트

사천 서포 해안 그늘집
사그락담 너머 들려오는 가락은
청도댁 정수리에 달이 걸릴 때까지 멈추지 않는다
창문 높이만큼 쌓인 이력
턴테이블 바늘 등뼈가 달빛에 휘고
농아인 그녀 눈에
남편 것인지 그녀 것인지 모를
닫힌 가사들이 쌓인다
궁핍한 생활에 입술은 허기져도
노래가 밥 인양 배 불리 듣던 남편이 어느 날
노래 한 장 옆구리에 낀 채 집을 나갔다
소리 없는 그녀 절규에
문풍지 스미던 바람도 숨을 죽였다
둘레를 잴 수 없는
검은 몽우리를 품고 산지 오십 년
그녀는 남편이 모아둔 포노시트*를 보며
한 번도 가져 본 적 없는
소리 나이테에 쌓인 먼지만 닦는다

은행나무 낙서

떨어진다
몸부림치다 떨어진 냄새 하나
은행알이다
울음을 박제하면 두엄향 짙어지고
그림자는 젖은 바닥에서 마른다
물든 잎 불국사 디새 틈에 낀 잎 하나
은행잎이다
발톱을 버리고 발자국도 지운채
어둠에 지워지는 햇살 갈피를 놓치 않는다
사랑한다
다시 한 번 만날 듯한 사람 있어
은행잎에 이름을 새긴다
갱지 같은 사랑이라도 남아 있다면
물든 잎 옆구리 찔러보고 싶다

해미 깊은 날

추자도가 기침 포말에 잠긴다
파도가 치지만 섬은 흔들리지 않는다
집어등 따라가는 갈매기 등 뒤로
기척 없이 저물녘이 온다
그늘진 하늘에서
낮달 부스러기 손등에 떨어지고
밤은 멀었지만 눈을 뜨면
눈썹 자락에 초승달이 자란다
등대 동공을 밝히자 뱃길 지워진 물 위를
냉갈시럽게 걷는 검푸른 갈피가
갯가에 소금 비늘을 떨군다
하늘을 향해
바다는 넓게 눕고 나는 좁게 목을 뺐다
발 묶인 선창에 혀를 비비자
수평선 너머로 돌아오지 못할 비늘이 빠져나간다
추자도는 얼굴 큰 부표다

노을을 입다

어둠이 짙어지면
웅크리고 있던 통증이 눈꼬리를 치켜뜬다
관절마다 바늘이 숨어있다
나를 품은 시트 자락엔
흩어진 실밥이 복병으로 매달려
연음을 바느질한다
알약으로 구겨진 어둠을 펴고
마른 꿈을 다독이지만
눈에 스며들지 않는 불면은 몸집을 부풀린다
파도 갈피를 물어와 뒤척이는 갈매기
창 틈을 드나들며 통증을 키우는 바람
습한 모음이 천 개 혓바늘을 세워
아린 혀끝을 태워도 재는 보이지 않는다
잠이 앉아 있는 동안 밤은 하얗게 늙고
헝클어진 눈이 훑고 간 이불을 털자
밤새 주광 빛에 절은 관절이 죽은 물비늘로 떠오른다
통증은 서둘러 흩어진 얼굴을 주워 들고
박음질 된 시트를 버린다

꽃 먹는 물고기

통도사 경내를 드나드는 바람은
수시로 길을 바꾸었다
얼굴이 바뀔 때마다
디새 끝에서 구릿빛 지느러미를 다듬는 물씨
사자목 오층석탑을 보는 시선이
능파따라 조금씩 비껴 나고
귓불 스치는 풍경소리에 귀 기울이는
바람을 잘 타는 여자와 놀았다
대웅전 서까래에 핀 파련화가 등비늘 찌르며
깊은 눈길 보내지만
눈 맞춤도 잠시
물씨는
바람결이 변할 때마다
향이 다른 여자와 놀았다
나대는 심장 달래지 못하고
눈썹에 쌓인 어둠이 하얗게 타도록 놀았다

못 다 쓴 편지

쓰다 만 편지엔
자음이 에메랄드로 접혀 있고
건넬 수 없는 눈빛은 구겨져 있다
영도대교를 건너고 있다던 걸음이
다시 영주동으로 돌아간다고 했을 때
에메랄드를 버리기 쉽지 않아
한 달이 넘도록 귀가 기울어졌다
다리에 등불이 하나둘 켜지면
영주동으로 가는 길이
파도 건너 산복도로까지 이어졌다
보내지 못한 눈빛을 쓴 목쉰 편지가
쌓이는 밤이 거듭되지만
걸음은 모르는 척
또 모르는 척 자꾸만 모르는 척했다
썼다가 지우고 쓰다가 버린 숱한 눈동자가
서성거리는 우체통 앞
그림자 놓인 편지지엔 끝내
마침표를 찍지 못했다

시클라멘의 겨울

햇살 쏟아붓던 창에 폭우가 쏟아진다
멈추지 않는 비에 젖은 날이 몰운대가 되고
햇살을 만나지 못한 나는 야위어 간다
잎사귀에 생긴 까만 반점이
햇살이 그리다 만 무늬를 조금씩 삼키고
혈관을 트지 못한 줄기는 등이 굽어 휘청거린다
빗물이 자라는 베란다는 춥다
밤이 되면 더욱 매서워
더는 견딜 수 없는 깊이가 되었을 때
수상한 겨울을 읽는다
나는 여행을 떠날 참이다
신발을 벗어둔 채
흐물거리는 시선 추스르고 눈을 감는다
방충망이 부서져라 날갯짓하던
비둘기 소리가 멀어진다
허공을 더투다 비구름에 갇혀 있는 해를 만났다
맨발로 서성거리는 나에게
손을 내밀었지만 닿지 않는다
나는 비 내리는 겨울을 버리고

버리지 않아도 될 뜨거운 겨울을 찾아
잿빛 구름 갈피를 벗기는
기어코 시클라멘이다

봄비 연인

가늘은 네 눈썹이 이슬비가 되면
내 눈시울도 붉어져 이슬비가 된다
말없이도 허공이 젖는 시간
잠든 별들 눈이 열리고
나무들 귀가 트인다
우리는 온몸으로 비를 불러들이고
샘터에서 다시 솟는 응얼거림은
조약돌을 딛고 올라
파문 지는 빗줄기를 키운다
어둠 속에서 눈 밝힌 수은등이 젖는다
나누는 동공이 피워낸 불꽃은
먼바다를 돌고 돌아
강물 빛 심장으로 빗장을 푼다
우리는 젖은 길을 함께 걷고
불꽃을 움켜쥔
새벽 두 시를 젖게 한다

그림자 읽기

다대포해수욕장 백사장에 키 큰 사람이 서 있다
'그림자의 그림자, 홀로서기*' 와
또 다른 한 몸인 '그림자의 그림자' 다
연인인 그들이 서로 만난 지 팔 년
깍지손 놓는 걸 본 적 없고
태풍이 미친 듯 불어도
머리카락 한 올 삐져나온 걸 본 적 없다
천근 파도를 품은 채 어둠에 들고
만개 포말로 아침을 여는 한 몸
정수리 쪼는 황조롱이 입술과
어깨 맨살에 똥을 누는 괭이갈매기 꽁지를 피해
을숙도 갈대숲에 머리카락 숨기고 싶지만
올려다보는 발자국들 눈에 밟혀
신발을 신지 못한다
백사장엔 허공에 갇힌 그림자가
언젠가 닿을 낮은 구름을 향해
모로 서 있다 내게 다시 아침이다

*2015년 바다 미술제 김영원의 (조형) 설치 미술 작품

눈물에게

눈 속에 앉았던 네 의자를 보며
나는 네 슬픔을 지웠다
상강에 남긴 발자국을 보며
또 네 아픔을 지웠다
낙엽 갈피마다 바람이 들어
지우는 일이 거듭되는 그즈음
떨어진 은행알과 새털구름 비늘이
너를 닮았다 쓴다
구름 행간, 곳곳 물웅덩이마다
나를 살렸다 나를 죽이는
네 목마름이 주춤 서 있고
나는 눈썹 끝에 매달린
너를 말리려 하늘을 보았다
낮달 삼킨 혀가 안개에 젖은 날
종일 아파오는 목젖이
네가 간 날과 내가 버린 날이
같이 흐른다고 쓴다

아픈 행복

얼음골 바람이 느껴지는 사람을
가슴에 들였다
그는 밤을 빨갛게 구워
그늘진 내 눈시울을 밝혀주고
숨소리 가만가만한 품에 귀 기울이면
바람 냄새 날숨에 묻어난다
나는 달팽이관을 설레게 하는 그의
입김 묻은 귀엣말을 좋아하고
바닐라 아이스크림 같은 자음에 길들여진다
행간을 건너뛴 연서에
동공이 기절하는 것도 개의치 않는
깊은 밤이 무너진다
차갑게 익은 세포가 두근거리는 새벽
벽에 붙은 바람을 밤새 떼어내며
마지막일지도 모를 입술을 만지는 사랑에
눈이 멀어도 좋다는 답서를 쓴다
너무 긴 꿈을 꾸었나 보다
혼자 눈 뜨는 아침이 아프다

구월 비

천장에 뜬 별을 세다가
창 두들기는 빗소리를 들었다
베개에 붙은 잠 꼬리를 따라가지 못했나 보다
이불을 파고드는 종이우산
접힌 살 속으로 손을 넣으니
젖은 얼굴이 만져진다
우산을 펼치면 별이 반짝일 것 같아
손잡이에 눌러앉은 그림자를 떼어내며
잠들 때까지 눈꺼풀을 살찌운다
빗소리와 동침한 밤이다
잠 깬 밀어들이 각질을 털고 나서야
손이 비에 젖어간다는 것을 알았다
가느다란 손가락으로
먹구름 행간을 들추니
물주름이 알몸으로 서서 간다

물고기자리 여자

달맞이꽃에 사는 완월동 그 여자는
방금 나간 남자의 비늘을 털어내듯
누운 머리카락을 손빗으로 훑으며
항생제 두 알을 삼킨다
귀 얇은 문이 열리고
포주가 화대를 가져가자
다른 비늘이 콧날에서 미끄러진다
암막 커튼이 드리워진 창엔
밤과 낮 경계가 허물어진 지 오래
수시로 문지방을 넘나드는 낯선 물고기들이
눈썹을 깨우고 가슴을 파헤친다
몸 안으로 각질이 떠다녀도
숨을 삼킨 여자는 숨을 풀지 않은 채
움직이지 않는다
부산 대교가 내려다보이는
빗장 풀린 물고기자리
사방에서 몰려오는 비린내에
수억 마리 치어가 익사하고 있다

발등을 찍다

눈에 든 남자와 눈 맞추며 손잡은 적 있다
그늘진 곳을 찾아 영화 본 적도 있다
거울을 보며 속마음 비춰본 적도 있다
앞날을 함께 만들자 말한 적도 있다
비밀을 키우며 물 준 꽃도 있다
(애잔한 바람이다)

눈에 든 남자와 에스프레소 향기로 손잡은 날 없다
바람에 날리는 그림자에 마음 출렁거린 날도 없다
귀 기울여야 할 무언에 눈시울 붉어진 날도 없다
보랏빛 수국 잎을 은유로 뿌린 날도 없다
잠든 숨결이 만날 거라 생각한 날도 없다
(계속 꾸고 싶은 꿈이 아니다)

가야 할 길을 지문으로 새겨둔 가슴
묵혀둔 빗장을 여니
속내에 끼인 책갈피가 몸을 일으키고
도끼 눈 하나 발등에 떨어진다

바람을 조율하다

처마 끝에 누워있던 바람
햇볕에 눌려
백로 지나자 등뼈를 곧추 세운다
밤에는 좁은 혀가 창틈으로 들어와
밤새 유리창을 희롱하더니
빗장 건 현관문도 몸살 나게 흔들었다
눈에 발목 터는 바람을 가뒀다

맨살로 스며
밤낮으로 쑥덕거리는 바람
가슴을 헤집어 놓는다
언제 썰물 되어 먼 메아리가 될지
뜨겁게 귓불을 데우더니
입술도 훔쳐갔다
바람 눈썹은 내 옆구리를 여몄다

금요일 바다

군살 덜어내려 금요 바다 가는 길
한 주일을 삼킨 언어들 얼굴이 희다
무거운 보행은
살찐 그림자를 버리지 못한 채
길섶에 발자국을 남긴다
여백 없는 수평선에
구멍 뚫린 가슴을 서술한 어눌한 지문이
엎질러진 커피 자국으로 남는다
밤이면 뒤틀린·문장이 누운 자리마다
달빛 기우는 윤슬이 덧칠되고
입술이 마르도록
그림을 사랑한 사냥꾼이 있다
행간 사이 들어찬 길 잃은 지렁이
눈에 얹힌 초침이 비틀거린다
혀끝에 숨은 떫은맛을 녹일 시간
군살 덜어내는 손등 너머로
길이 되는 오후 한 시

남이섬 은행나무

나미나라 돛대 된 은행나무는
가지 사이에 바람을 가두고 산다
물든 잎이 떨어지고 숨이 멈춘 듯해도
귀를 대면 맥박 소리가 푸르다
걸음 빠져나간 은행알
숱하게 누운 산책길에 어둠이 내리면
눈에 든 나무도 사라지고
가지 끝에서 출렁이는 달빛이
눈 감은 창에 달맞이꽃을 피운다
달바라기 하던 꽃잎 눈시울 시릴 때
강변 아침 안개는
묵은 어둠을 털어낸다
나미나라 오솔길마다 물비늘 남긴
귀밑머리 푼 안개
나뭇가지에 머리카락 숨기면
콧날 할퀴는 돛대 허공에 세운다

낙엽 지는 오후

휴대폰이 남긴 목소리에는
천 개 혀를 가진 바람이 분다
빛이 떠났다
간다고 떠날 거라고 하던 입술을
떠올리는 순간
소름 돋는 팔에
만근 쇳덩이 추가 달려
손가락 하나 움직일 수 없다
빛이 없는 시간을 견딜 수 있을까
숨 쉴 수 있을까
란카페 담벼락을 타 넘는 능소화도
초승달 눈썹을 잃고
탁자에 새긴 날개 잃은 새가 반추되는
낙엽 지는 오후가
허공에 엎질러진다

제 2 부

정동진행

이틀에 한 번 정동진행 기차를 탄다
거짓말이다 매일 탄다
거짓말이다
숨을 들이쉴 때마다 탄다
밤새 파도 행간을 넘어
포말에 발목 담근 보랏빛 기적소리는
모래비 흩날리는 해변에 나를 내려놓는다
귀속에 바람이 분다
발치에서 가슴께로 해일이 인다
모래알 속에는 태평양을 건너온
부서진 참치 비늘이 있고
언덕 위엔 썬크루즈가 샛별로
깃발을 세운다
썬크루즈 숙박권에 삭제된 구월이 마르고
짙게 새겨진 십일월이 있지만
깃발 쥔 갈매기는 해일 타고 날아가 버렸다
더는 갈매기 전언을 믿지 않기로 한 날
그늘진 속내 파도에 털고 보니
가슴에 빈자리가 생긴다

별 내리는 밤

눈 감아도 보이는 별
눈썹에 붙박이로 걸린다
뒤를 버리고 사느라 몰랐던
싸늘하게 보낸 겨울이 많아
창백한 눈썹이 발등 때리는
해미 깊은 밤
보내지도 잡지도 않은
이름 하나 유리창에 그리고 보니
하늘가에 걸어둔 얼굴이 차다
나는 누구의 무명지였을까
애닯음에 멍든 가슴 읽힐까 봐
별빛에 숨소리마저 숨겨야 하는 아픈 손가락
밤 서리에 까맣게 센 별
그 빛에 글썽이는 내가 맺히고
쓰린 바람이 늑골을 밟고 지나간다

나의 칼

서재 창을 여니 숨결이
들국화 향기로 벽지에 스민다
책상 서랍에도 숨고
빈 의자에도 앉아 있다
책갈피 스치는
원두커피 내리는 물방울에도
푸른 밤을 문 들국화 입술이 있어
밤눈 어두운 혈관이 트인다
뼈와 **뼈** 사이로 흐르는 숨결
벽지에 스민 향기가 찻잔에 소용돌이 치고
의자에 앉은 숨결이 멎는다
바닥에서 솟구친 나비 날개가 부화하고
심호흡이 허공을 껴안을 때
금요일 아침이 반쯤 지워진다
내 칼은
하늘 어디쯤 있을까

애인을 찾아 나서다

몰운대 객사 막새 끝에 매단
눈 새까만 전단지
여름 가고 다시 여름이 와도
말 거는 바람이 없다
파도 갈피에 머리카락 세고
발자국이 작아져도
눈길 주는 들꽃도 없다
모서리가 해져 배가 고픈 전단지
손가락 물고 있는 빛바랜 글씨
장맛비 내려 먹구름이 속살을 보여도
말 걸지 않는 꽃들에게
시름한 목젖으로 묻는다

'우리 사귈래요'

공원 의자

용두산 공원에 가면
멈춰 버린 시간 속에 사람들이 있다
퇴직을 했거나 잃어버렸거나
처음부터 가져본 적이 없는
노숙인들이다
꽃시계 시침을 입질하는 바람이
정오 기스락에 닿을 때
의자마다 주인이 있는 듯
능수버들 그늘진 자리엔 바둑돌이 집을 짓고
훈수 두는 입들 사이로 등 굽은 말이 벽을 쌓는다
햇살이 내려앉은 자리엔 과자 부스러기로
비둘기를 호객하는 지루한 손도 있다
바쁠 일 없는 그들은
해가 뜨고 지는 순간에 매달릴 뿐
시간을 버린 지 오래
자리를 비울 때도 그림자를 두고 가는 터라
반나절이 지나도 내 의자는 없다

촛불 춤

곧은 심지로
내 눈에 붉은 바람 세울 때
가슴에 뜨거운 우물이 생긴다

바람이 허공을 물들이고
물컹거리는 동공에
불꽃을 일으킨다

눈시울 붉히는 밤이 탄다
초승달 고인 웅덩이에
눈썹이 흩날리고 물든 눈물방울이
옆구리마다 스민다

어둠을 털고 있는 너를 만지면
문장 밖으로 떠나는 몸부림
풀어헤친 네 머리카락을 쓴다

비를 맞다

먹구름 눈물을 삼킨 다대포 바다
물무늬로 어둑살 내린다
적운 안에서 자란 물줄기는
베어도 아프지 않을 물렁뼈로
빗방울 살점을 떨어낸다
모래밭 수심이 깊어지면
흥건해진 사막 옷을 입고
몽골 고비에서 달려온 낙타가 물짐을 푼다
발 빠지는 걸음이 옮기는 풀린 낙타 눈썹이
누운 무릎에 통증으로 젖어 들 때
시나브로 일어서던 젖은 구름은
바다에 빠진 눈물을 건져 올린다
숱 많은 빗줄기가 파도를 쓸 때마다
물파스 비명이 모래알을 세우고
비 냄새가 펜 통점으로
눈동자를 찾을 수 없는 시간은
고비 사막 등뼈를 밟고
내 안을 걸어가는 낙타를 엎지른다

지하철 타러 가는 길

서면역 에스커레이터 아래
모자를 앞에 둔 사내
손바닥에 얼룩무늬 말이 달리고 있다
까치집으로 엉겨있는 머리카락
검정 자켓은 때에 절어 무명으로 빛난다
헤진 모자에 동정심으로 들어앉은
하얀 동전 두 개
허기진 손바닥을 외면할 수 없어
천 원을 건넸다
서너 번 그랬던 어느 오후
벽에 기대고 있는 남자 모습에
눈썹이 구겨졌다
빨갛게 세운 콧날로 내민 손 옆에는
얼굴 붉어진 소주병이 서 있다
배고픈 눈에 결려 나누었던 마음이
손가락을 찔렀다
가끔 지나치다 그를 만나지만
애써 외면하는 눈동자는
반걸음도 머뭇거리지 않았다

노란 눈꽃

낙산 해수욕장
눈송이 위로 저녁 빛이 날아다닌다
손님 없는 식당에서 한가롭던 여자는
경상도 목소리에 손이 이끌려
씨앗 젓갈을 가져와 맞은편에 앉는다
시부모와 아주버니를 모시고 딸이 셋이란다
뒤쪽에서 뉴스 보던 남편이
목을 젖혀 힐끔거린다
여자 뒤편 벽에는 벚꽃 흩날리는
액자가 걸려 있다
남쪽에서 따뜻하게 살라고
엄마가 달아준 날개라는 말끝에
동공에서 나풀거리는 아지랑이를 봤다
러시아서 멀리 날아온 낙산
시들지 않는 꽃비 품은 채
아침마다 쌓인 눈을 비질하는
노란 눈꽃 한 송이

지붕 낮은 집

달빛이 놓지 않는 창
가로등이 켜지자 창 그늘이 돌아눕는다
걷지 못하는 연천댁 바지엔
바닥을 밀고 다닌 하루치 구멍이 덧대지고
더 살아야 할 이유도
당장 죽어야 할 이유도 없는 어느 날
그녀 기척이 끊겼다
무심히 달려와
부의금 나누며 다투던 자식들이
빈집을 두고 목소리가 엉킨다
칼날 문 혀끝에 베인 바람
소주잔에 들썩이는 구들장
온기가 식었다
그녀 흔적이 쓸려나가던 날
낮은 지붕을 엎은 자리에
수퍼마켓 신축 푯말 솟대로 섰다

구포시장

입구에서 출구까지
끝에서 끝까지 반복 걸음을 풀었다
어깨 스치는 틈으로
보였다 사라지고 다시 보이는
80% 바겐 세일 속옷 가게 앞 소년
자울자울하다 눈을 뜨고 콧물 훌쩍인다
동공에 든 먹구름 금방이라도
빗방울로 터질 것 같다
바람에 마른 눈물 자국을 보며
사지 않을 것 같은 시선들이
기웃거리다 들추어 보고 그늘 깊은 표정만 남긴다
얼마나 만졌는지 손때 묻은 볼이 속상한데
소년은 속내를 보이지 않는다
수군거리는 입술들 사이로 경찰차가 도착하고
소년은 시장 골목에서 땡처리되듯
경광등 불빛에 눈치를 실었다

서포에서

꿈에 만난 당신을 찾으러
서포에 갔다
'그때 그 자리'
카페 창으로 스며드는 가로등 빛에
탁자를 품고 있던 목련이 핀다
불빛이 꽃잎을 덧칠하는 동안
등에 밴 땀방울이 마르고
발품을 밀어내다 어둠이 무뎌질 즈음
커피를 마셔도 커피가 고프다
돌아갈 걸 생각지 않아 걸음을 뗄 수도 없다
찾지 못한 허기는 목련 잎으로 빛나고
눈언저리에 묻어나는 빈 의자를 보며
마르게 울었다
내가 의자를 버리면
당신이 의자를 채울 것 같은,
당신 건너편에
나는 없는데

채송화

죽은 듯한 화분 하나
화단에 쏟아 부었다
마당을 지나다 보니
시든 꽃잎이 피었다 지고 피고 졌는지
뿌리에 뿌리가 엉글어
가지 목덜미를 휘감고 있다
바람이 불 때마다 동공을 찔러대는
부릅뜬 눈
울컥
명치끝에 걸린 씨방 하나
눈에 들인다

덤

무요일엔 동공이 바쁘다
창틈에서 속살거리는 샛바람과
안방을 엿보는 솜털구름 비늘이 보일 때
파도소리 들리지 않아도
수평선이 환승역에 도착한다
신고 가야 할 걸음들 속에 파도가 있다
행간을 벗어나는 사람들 사이에도 있고
둘러보면 어디든 파도가 있다
환승역에서 지평선이 바다를 향해 달린다
몰운대 벼랑 끝에서 바다로 뛰어내린 노을
길 위에 떠다니는 꺾어진 시간을 찾듯
슬그니 스며든 파도는
내 무요일을 차갑게 훔쳐간
횃불같은 덤이다

그럼에도 기침소리

독감에 든 내가
아플지 모를 먼 곳 시선 하나 만나러 간다
병명은 말하지 않아도 짐작하는 병이라
방에 들어서니 벌거벗은 그림자다
내 머리카락 한 올 한 올 훑어보는 흰빛
숨을 멈추고 눈치 보는 커서
손가락이 춤추어야 채워지는 화면이
비스듬히 누워있다
빈방엔 정적이 흐르고 마스크 사이로
입술을 숨길 수 없는 질문이 쏟아진다
어디 있을까
기침소리
눈은 트이지 않고 시간만 훔치는 화면
그럼에도 치열하게 쏘아보는 기침소리에 갇혀
움직이지 못한다

붕어빵 시간

햇살에 숙성된 밀가루 반죽
짧은 숨 몰아쉬며 몽글거리는 기포를 뱉는다
얼음이 반죽과 팥앙금을 품어보지만
비닐 천막을 데운 한낮 열기는
얼음 옷을 자꾸 벗긴다
여자는 재가 넘을까 빠르게 붕어를 복제하고
쌓인 꼬리는 줄어들지 않는다
그늘진 시간 끝자락을 붙든 여자
눈길 주지 않는 걸음에
등 터진 붕어빵을 미끼로 낚시질한다
붕어 뱃살은 점점 빠지는데
그녀 주머니는 가볍고
이천 원과 바꾼 내 붕어빵도
밤 서리에 늙었다

버려진 장롱

공깃밥이 고봉으로 솟던 아랫목
불길도 구들 심장 녹이지 못했는지
그을음이 누룽지 같이 붙었다
폐가구 사이에
죽은 척 기울어져 있는 오동나무 장롱
합천댁 오십 년 손때 묻은 돌쩌귀
무릎 연골 헤지는 소리로 메아리 되고
문짝 떨어진 이불장에서
광목 홑이불 까슬함이 실밥을 세운다
서랍 속에 숨어 있는 눈들
모서리에 쌓인 낯선 먼지에 허공을 빗질하고
보이지 않는 합천댁 손가락 찾느라
동공 앓이를 한다
포크레인이 재개발 현수막을 등에 업었다
물보라에 젖은 마을
무지개 쓴 허공이 둥글게 휘고
허물어지는 눈시울에
흔적만 남은 방이 하얀 웃음을 흘린다

하얀 채송화

오르막을 오른 마을버스가
풀어 놓은 길이
골목 계단을 오르면
입술이 먼저 숨비소리를 뱉는다
된 숨 놓아도 될 계단 끝머리
하얀 채송화가 보이지 않는다
문패인 양 납작 엎드려
얼굴 마주하던 꽃잎도 만날 수 없다
도시가 키운 섬, 온기 없는 오두막이
허공에 떠서 흔들린다
사립문이 바람에 흔들려도
가까이 숨소리 들리지 않는다
발자국 없는 계단
이끼가 눈에 밟힐 즈음
하얗게 말라버린 채송화 안부에
나는 오르던 계단을 버리고
눈시울엔 소금꽃 피운다

유자나무에 바람

향기도 마을회관
창을 뚫고 나온 그악스러운 바람들이
유자나무 가시로 달팽이관을 찌른다
바람은 나뭇가지를 휘두르며
앉지도 서지도 못하는 햇살을 때리고 또 때린다
햇살이 어깨를 들썩이며 도리질하지만
바람에겐 눈엣가시다
갈매기 처진 날갯죽지에
입김 실어준 찰나인데 바람은
여우 꼬리가 호렸다고 헛바늘 세운다
사그라들지 않는 다툼, 갈매기는 발목 잡힐까
유사나무 숲에 머리카락 숨기고
햇살은 꼬리 자를 생각이 없는 듯
가시에 찔려 죽어도 좋을
천년 묵은 눈웃음 하얗게 흘린다
속내를 알 수 없는 바람질이다

꼬마 국화

볼에 구름살이 오른
여린 아스타*를 데려 왔다
베란다에 둔 꽃잎 눈시울 젖을까
창을 열어 바람과 다리도 놓았다
기척 없는 계절이 지나고
삭풍에 유리창 수군거릴 때
찻잔에 상강을 담는다
붉게 핀 얼굴로
관절마다 불거진 꽃잎 향이
내 입술을 훔쳐간다

*국화 이름

나직이 불러보는 이름

가만히 있어도 아프다
동공을 찌르는 아픔이 언제 멈출지 모른다는 걸
술렁이는 파도를 보면서 알았다
네 목소리가 떠난 후
까닭 없이 몰려오는 신열에 젖어
수만 번 파도를 뒤적거렸다
포말과 눈물이 뒤엉켜 갈피가 해 질 무렵
동공에 가시가 자랐다
가만히 앓았다
이불속으로 스며드는 네 꼬리에
귀로 밀려드는 파도 소리에
뼈마디 속속들이 앓았다
얼마나 더 앓아야
다독일 수 없는 신열에서 벗어날지
네 울음인지 내 울음인지
훌쩍이는 그림자가 길어질 때
나직이 불러본다
입에 익은 이름을

몰운대의 봄

그대 들리나요
솔숲에 누운 장끼
가슴 꺾어 우는 소리가
패랭이꽃밭을 어지럽히는
참새 입술 모으는 소리가
햇살 내려앉은 후박나무 가지에
물오르는 소리가
버들강아지 물그림자 사이로
올챙이 앞발 내미는 소리가
쓰삭쓰삭 쓱쓱쓱
귓불에 스치는
그대 숨소리가 들려요

그대 보이나요
조릿대 한 토막 잘라 실금 긋고
풀피리 부는 봄바람 난 손가락이
홍매화 꽃물에 취해
꽃분홍 립스틱 양기 오른 입술이
파도가 쓰다듬는 몽돌 합창에

날개 단 '봄의 왈츠'가
손톱 세운 바람에 꽃비 내리는 날
아직 전하지 못한 행간에 젖는 발끝이
딸각 딸각 따그르르
객사 처마 끝에 걸린
그대 눈썹이 보여요

끝사랑

다대포 백사장에 어둑살 내리지 않아도
네 노래가 들린다
너는 다가올 수 없고
나도 갈 수 없어 쌓인 노래가
먹구름에 눈물깃을 푼다
낭자한 그늘이
손가락 마디마다 영글어
베어내도 아프지 않은 날들이
몇 날 저물고 또 저물었는데
캄캄한 노래는 내게 올 수 없는 것인지
바라보다 눈썹이 불어 뭉개져도 좋을
가뭇없는 날이 바다로 뛰어든다
나는 생채기 난 속눈썹을 수선하지 못한 채
파도를 뒤적이지만
네 노래는 손에 들지 않는다

제 3 부

기차표를 끊다

사막으로 가는 새벽 기차는
눈썹을 깨울 틈도 없이
가슴을 밟고 지나간다
커튼 사이로 스쳐가는 산양자리
별똥 비가 유리창에 실금 그을 때
모래알 서걱이는 침상에서 타자를 친다
캄캄한 자판을 두드릴 때마다
기적은 간이역에서 커피를 마시고
동공에선 부서진 모래알이 흘러내린다
기차가 울타리 없는 사막으로 들어선다
멈추지 않는 자판은 손끝 지문을 지우고
말 없는 문자가 서술하는 시간
십년 전 등을 내주던 쌍봉낙타를 만났다
눈에 쌓인 그늘이 글썽인다
사막을 달리는 갈탄이 가벼워지고
날개 단 듯 속력을 내는 손가락
잦은 행갈이에 오타가 생기는 순간
고비역에 멈추지 않고 가는 기차가
편도뿐인 승차표를 사막에 묻었다

달에 가다

가지 말아야 했다
커튼 구름이 삼킨 상현달로
나를 데려가는 게 아니었다
베개를 배면 무수한 별이 뜨고
가위눌림은 머리카락을 풀어 만든 그물로
별을 낚고 있다
은하수를 떠돌다
오작교를 놓는 까마귀들을 따라
계수나무 그늘 아래서 직녀를 만났다
눈시울 들뜬 직녀와 손깍지하고
견우를 기다리다
눈썹을 가다듬고 보니 달이 지났다
등뼈 휜 초승달이
이슬 갉아먹은 밤을 뒤척이고
바람결마다 키를 높인 소슬바람은
직녀 희어져 가는 머리카락을
차마 흔들지 못했다
그곳에는
가지 말아야 했다

시를 읽는 낙타

나를 잃어버렸다
내가 사라진 자리에 두바이서 온
낙타가 서 있다
낙타는 내 입술을 데리고
어디로 가서
무엇을 읽어주려 했을까
혀끝으로 책장을 넘길 때마다
젖은 모래알이 떨어지고
손가락 사이로 흐르는 별빛에
발이 젖는다
상현달 뜨는 밤이면
파도 갈피 마른 수평선 너머
두바이 불빛을 모아 칼리파*를 짖는 낙타
깊은 속눈썹 자락에 행간이 쌓일 때
도둑맞은 입술을 베어 문
덧니를 본다

*부르즈 칼리파:두바이에 있는 세계에서 가장 높은 빌딩

속 불

엎드려 있던 불씨가 바람을 탄다
발치에서 가슴께로
손에 들지 않아 크기를 잴 수 없다
벼랑 끝에서 가위에 눌린다
빗장 건 시간이 탈이 난 모양이다
가슴골 가로지르는 발자국이
너울성 파도로 몰려간다
모래알 구르는 소리가 짙어지고
달팽이 위로 불차가 지나간다
갈비뼈 자라는 소리
몸집 부풀리는 헤임달*
불붙은 심장이 대추알이다

*북유럽 신화에 나오는 빛의 신

춤추는 음계

하조대 재즈 카페
드럼이 내는 진동에
에스프레소가 까맣게 떨린다
모여 앉은 사람들 사이로 흩어지는 음계
어깨를 들썩이며
손가락 스텝을 밟는 동안
어스름이 내려앉은 테이블엔
뉴올리언스 스타일 검보*가 혀를 적신다
경계를 허물어버린 허공이 리듬을 탄다
바스락거리는 모닥불에
담배 연기가 질식하는 찰나다
머리 위로 별이 쏟아진다
머리카락이 해풍에 쓸려가는 의자에 앉아
포말에 눈썹이 젖어도
입술을 다물지 않는 뜨거운 감성들
달팽이관을 조각하는 음표가
'범핀'*추억을 소환한다

*검보:음식 이름 *범핀:카페 이름

물안개를 보며

자정 지난 지 오래
잠자던 시계 비늘이 폭죽에 떨어진다
썰물 난 해수욕장
갯그령 흐늘거리는 모래밭에는
안개가 모여 소주를 마시거나
별을 향해 헛손질하거나
눈에 들지 않는 이름을 부르며 입술을 태운다
고성이 잦아드나 싶더니
움직이는 손가락이 산만하다
폭죽이 방향을 바다로 틀었다
베란다 창에 유화 그리는 불꽃
떨어진 시간이 엎질러진다
점멸하는 경광등이 좌초된 바다
흩어진 안개 살점이 찌르고 간
시계 동공이 발갛다

마침표를 찍은 남자

남자가 창턱에 묶어둔 햇살을 풀었다
방에는 타다만 번개탄이 앉아 있고
빈 소주병 입술은 술에 취해 누워있다
뛰쳐나갈 틈을 찾던 햇살이 창밖으로 달아나고
남자도 따라 몸을 날렸다
날개는 없었다

"직장에서 해고 되었다
 도박 빚에 시달렸다
 부인이 바람나서 집을 나갔다
 알콜 중독자다"

뭉게구름으로 모여든 입들이
남자가 보냈을 시간들을
햇살이 구겨진 등위에 줄을 세웠다
눈물 한 방울 솟지 않는 주머니에서
말간 얼굴을 내민 풍선들 혀끝이 길어지고
입술에서 눈썹까지 날아 조각된 침방울 사이에
내 눈동자도 서 있었다

잃어버린 시간

1
다대포 고니 길
내 호흡이 닿지 않는 뻘밭 언저리에
엽낭게 집이 모여 있다
해풍에 눈이 잠기면
게는 민낯으로 포말 속을 들여다본다
밀물이 만든 모래더미에서
숨을 멈춘 파도는 게가 쌓은 탑을 허문다
달 없는 밤 부유물 밀린 지붕이 밀봉되고
양말을 신지 못한 엽낭게는
버려진 시계를 들여다보며 뒤돌아 간다
미끈거리는 시침을 붙들고

2
밤을 예매할 시간조차 주지 않는
느긋한 목소리에
손가락 떨구고 싶은 휴대폰
어둠과 필연적인 눈 맞춤이 연출로 펼쳐지고
썰물에 휩쓸린 발자국이 흩어져 있는

버스 정류장으로 간다
가로등 아래 벤치는
밤 풍경 속 시스루다
앉아야 할지 말아야 할지 망설이지 않아도
각본은
마지막 버스가 떠났음을 이야기한다
눅진한 시침은 모래밭에서 출렁거리고

공중 침대

개나리가 할미꽃이 되었다
키 큰 초록 잎들이 먼지가 되었다
먼지가 새파랗던 시절
개나리는 시간으로 눈을 꿰고
들녘을 뛰어다니는 휘파람으로 귓불을 살찌웠다
된바람이 무시로 드나드는 낮달
성긴 흰 뼈들이 떨어지면
노을을 삼킨 눈으로 초승달을 사포질했다
할미꽃이 삼월이 고비라는 것을 안 꽃샘바람은
냉동실에 넣어 둔 바람까지 꺼내 몰아 부쳤다
얼굴엔 검버섯이 모질게도 매달렸다
북두칠성과 교신하던 날
내 눈은 향을 피우는 손들이 쓴
소인도 찢지 못한 서간문에 묶이고
내 귀는 봄 눈 뜬 개구리울음으로
녹슨 시간을 더듬는 입들에 걸렸다
눈에 담은 개나리를 털어 낸 할미꽃은
구름 속에 말아 두었던 하늘을 펴고
오동나무 침대에 등을 눕혔다

지하철 정거장에서

도시철도 서면역
이 빠진 하모니카 숨찬 연주에도 행인들은
눈길을 주지 않는다
주름살 투성이 중절모가 허기지다
천 원으로 산 한 줄 주름이
느린 걸음으로 보폭을 조절한다
오선지를 이탈하는 음계를 뒤편에 두고
개찰구를 떠났다
빠르게 흐르는 바퀴를 늘려 귀를 묶는다
유리창에 부딪혀 구부러지는 변주
눈으로 듣는 연주에 무수한 역이 지나간다
푸른 파도가 쌓인
다대포해수욕장 역에 도착하면
실금 긋는 연주가 시작될 것 같다

보이지 않는 비상구

무한 물미역이 탯줄을 자르고 날아와
허기에 몸을 푼 낯모르는 걸음들이
깊은 호흡을 허공에 쏟아낸다
문에 걸린 빗장을 풀어내니
날카로운 호흡이 쌓인 코비드19에
전이가 복병으로 숨어 있다
종착지를 알 수 없는 벼랑 끝에서
달빛은 파도 숨소리를 해독하고
비틀거리는 갈피에 백신을 놓지만 포말은
갈맷길에 발자국을 남긴다 간밤
성게 가시가 위협하는 목젖에
도깨비방망이를 목소리에 걸었다
구겨진 거리두기에 저리는 발가락
검은 마스크에 구멍이 뚫리고
눈 밝은 근육에 일렁이는 아우성
비상구는 어디에도 없다

나의 네비게이션

그녀 혀는 언어가 자라는 밭이다
흩뿌린 분필 자국마다 활자들이 싹 튼다
강의실 책상에 앉아
일어서지 못하는 받침들을 삼키고
네 발로 칠판을 껴안는다

눈 밝은 길은 보이지 않고
눈먼 길은 사방으로 뻗어있다
셀 수 없는 자음들이 웃고 있지만
손끝에 잡히지 않고
눈동자 속으로 자맥질하는 모음들 사이로
늙은 머리카락이 출렁거린다

짧은 연필심에 내린 어둑밭
오래 궁구하던 손가락이 손톱을 세운다
허기에 젖은 프린트기 시간을 세고
그녀 입술을 훔친다

바람결에 실려 온 향기

눈에 든 남자를 잔 속에 그린다
퇴고하려다 망설인다
그라인더에 갈리는 원두에
붉은색을 입혀 본다
짙게 내린 커피
기포가 살아있는 잔 속에
술렁이는 입술을 찾지만
말귀 어두운 스푼은 헛손질하고
까맣게 말라가는 찻잔은
허기진 언어를 다시 볶는다
몇 번을 더 갈았는지 모른다
마른 독백을 가져다
뜨거운 문장 앞에 다시 세운다
내가 꿈꾸고 싶었던 에스프레소
둘이 하나 된 심장으로 눈 맞춤하는
붉은 서사를 접으며
남쪽에서 날아온 커피 향기를 코끝에 가둔다
꿈이 나를 질러간다

젖은 바닥에 가다

18층에서 떨어진 아이
태평양을 걸었다
파도가 앗아간 지느러미를 찾아
바닐라 아이스크림 냄새나는 산호초에서
붉은 포말 사이를 뒤적이다
상어 이빨에 손톱 물리고
얼굴 숨긴 성게 가시에 발꿈치 찔렸다
하늬바람이 빗질한 물결
난파선 뚫린 구멍에 아침을 키우고
숨 고르며 오른 마스트
길 잃은 걸음 꼬리를 물면
18층에서 떨어져 부서진 살이
이불 갈피마다 그림자로 남는다
아이가 나간 자리
가위눌림은 모로 잘린 파도가 되어
침대에 구겨져 있고 울음 널브러진 바닥엔
키를 쓴 내가 있다

내게 오지 않는 이들

남자 1
큐브로 짜여진 냉동 된 논이다
벼만 심어놓고 온기 없는 손으로 우두커니 서 있다
수확을 놓치지 않으려고 허둥대는 가을날
오랫동안 곁에 서 있기만 했던 눈을 들여다본다
내 눈동자에 싹 트지 않는 이기적인 씨앗이다

남자 2
티끌 없는 흰죽이다
짙은 속눈썹을 날리게 하는 몽골 초원 냄새가 난다
글썽이는 눈빛이 녹아들어 혀에 닿으면
얼마나 깊은 맛인지 알 수 있겠지만
나는 숟가락을 들지 못한다

남자 3
제자리를 찾지 못해 떠도는 언어 밭이다
바늘 같은 입술에서 긁어진 글씨들이 부서져 귓불에 검게 쌓인다
레드카드 받은 문장들에 살이 올랐다

나는 허리를 두른 나이테를 벗지 못하고 웃음을 흘린다
바람 빠진 갈비뼈에 입김을 불어 넣는 눈에 넣고 싶은 개구쟁이다

남자 4
바람에 흩날리는 머리카락을 만져주는 눈빛이다
빨간 파도가 그려지는 가슴이다
입술이 부르트도록 키 큰 수식어가 우물로 쏟아진다
나는 홀로 첨벙대는 혀가 물결 등에 두레박 자국을 내는
제 잘난 칼날 같은 손을 잡지 못했다

남자 5
투명한 길 위로 말없이 흐르는 강물이다
비가 내리지 않아도 수위 높은 강은 부담스럽다
나는 구름에 접혀진 하늘을 보고 우산도 펴지 못한 채
언제 비가 내릴지 빗줄기만 가늠해 볼 수밖에 없는
우산 든 아픈 손가락이다

철구의 모래똥

다대포해수욕장에 가면
바다 예술제가 낳은 개가 있다
청동으로 만든 아이다
겉옷만 걸친 채
모래바람과 해무를 먹고 사는
'배변의 기술'이라는 개를
나는 철구라 부른다
갈대밭에 어둠이 내리면
바다로 별이 떨어진다
몇 겹 파도를 덮어도 가시지 않는 추위에
철구는 뻥 뚫린 가슴을 움켜쥐거나
동공 없는 시선으로
포말 사이 하얗게 드나드는
도깨비들 젖은 발자국을 찾는다
가끔 산책길에
발목을 덮은 모래 똥을 걷어 주는데
아홉 살인 철구는 늙지 않기로 작정했는지
발톱도 자라지 않는다

다 하지 못한 인연

어쩌자고 묵혀 두었을까
서랍에 낙엽 타는 냄새가 난다
봉투를 하나씩 여니
43년 묵은 눈길이 파노라마로 펼쳐지고
어떤 편지는 해독할 수 없는 문장으로
명치끝에서 출렁거린다
어둠 속에서 목청 잃은 언어
'아직도 그대는 내 사랑' 혀끝에 물고 이은하를 훔친다
시간이 접혀 있는 눈꺼풀
아직 주고받을 사연이 남은 듯
허물어진 주소 각질을 털어내지만
눈썹이 떨군 우표는 우체통을 찾지 못한다
선잠 깬 정수리에 보름달이 내려앉으면
서랍을 나온 시린 동공이
별빛 밟고 길을 떠나고
따라나서지 못한 그림자
행간을 뒤적이는 빈손엔
하얗게 늙은 편지가 있다
어쩌자고 끈을 놓지 못했을까

나의 상사화

눈에 담아 두지 말아야 했다
속내도 드러내지 않아야 했다
품지 못한 눈동자, 눈먼 숨 막힘에 가슴 저리고
쓰지 못한 이름 부서져 먼지 되어도
감추고 감춰두라 타일렀지만
혀끝은 먼저 붉은 속살을 쏟아낸다
가까이 있어도 잡을 수 없는
손가락 시린 뜬구름
가슴을 절단하는 깊은 상사가
죽음과 내통해 병이 되고 감을 수 없는 눈빛은
돌 아래 꽃물 든
그대 미소를 본다

홍가시나무

나무가 뱉은 모음이 눈을 찔렀다
귓불에 매달린 자음 위로 말벌이 걸어 다닌다
달팽이관이 침에 쏘여 아프다
벌겋게 부어오른 이명이 산란하고
흩어진 단어가 고막을 파고든다
바람도 불지 않는데
멈추지 않고 흔들리는 가지에 오른
등 뒤에서 생긴 문장을 나는 몰랐다
독설에 손가락 마디마다 쥐가 산다
얼마나 많은 가시를 감추고 있었는지 알 수 없다
나무를 외면한 지 삼 년
가시나무가 시퍼렇게 품고 있는 모음을
혀끝에 머금은 채 쓰러졌다
미처 뱉지 못한 문장은 재가 되어 입술이 짓물렀다
뿌리가 나무를 버렸다는 이야기에
귀를 버리고 다가섰다
울먹이는 심장에게 '괜찮아져라' 주문을 걸었지만
그래도 아프다

다대포 노을 앞에서

붉은 입술이 스민 바다
파초잎이 신열을 앓는다
물결에 웃자란 잎맥이
눈썹 갈피마다 숨어드는 시간이다
갈매기 노래가 꿰맨 엽랑게 지붕이
발자국마다 매달리고
몰운대 객사에 터 잡은 굴뚝새
날개에 나이테 얼비칠 때
찻잔에 각혈하고 떠난 그대
어둠을 풀어놓는 시간이다
날마다 곁을 떠나가고
날마다 눈시울에 젖어드는 그대
아직 손도 잡지 못했는데
어쩌자고 붉은 입술은
눈시울을 주름지게 하는지
굽어보는 목덜미 차가워 창을 여니
솔숲 너머 수평선
수염고래 길어진 눈썹에도
파초가 넘실거린다

까치 날아들다

몰운대 삼부 능선 자락
그늘진 편에 자작나무 한 그루
바다를 굽어보고 있다
가슴뼈 드러낸 성근 가지에
걸러지지 않는 된바람 드나들 때
갯까치 엮어놓은 둥지엔
잿빛 적막이 검버섯으로 눌러붙었다
자작나무에 물관 마르던 날
노란 입술 솔숲을 흔들고
빗장 잠긴 거실 속에
삭은 이엉 지푸라기 되어
이소가 파편으로 흩어진다
제비꽃 눈 뜨는 삼월
미동 없는 나무에 귀 기울이면
수피 속에서 들리는 시냇물 소리
흔적만 남은 빈 까치집에도
엄마 깃털 냄새가 난다

젖은 길

신선동 중복도로 오르막길
끄트머리 전봇대가 김씨 집 문패다
길을 오르는 김씨 땀방울이
응달진 고샅길을 적신다
일손 없는 하루 부뚜막에
쌀통은 무시로 시커먼 웃음을 흘린다
문풍지에 스미는 칼바람을
묶지 못한 방문이 쌜컹거리고
헤진 이불 속에선
여섯 엄지발톱이 발씨름 한다
아랫목이 싸늘하다
한 줌 폐지로는 구들장 발꿈치도 데우지 못해
장판을 들추어도 긁어낼 온기가 없다
우물 속 새벽달이
물그림자로 잠이 들 때
아이들은 아버지가 건네준 풀빵 한 개로
허기진 밤을 밀봉하며
무쇠솥에 밥물 솟는 꿈을 꾼다

제 *4* 부

기차를 타다

달팽이관으로 기적이 지나간다
기차는 일곱 시에 떠났다
현관에 구두를 남겨둔 채
추풍령을 지나 철책이 빗금친 고성역으로 향했다
나는 침대에 누워 노루잠에 든다
머리칼을 묶은 베개를 품고
일어나지 않는 눈썹을 깨우다
동해선을 떠나보냈지만 충혈된 눈동자를 태워 보냈다
통일전망대
오백 원 동전 크기로 눈에 든
금강산 낙타봉 동쪽 초소 굽은 허리가
해금강에 실눈을 묻는다
검은 파도가 쏟아내는 포말에 피멍이 든다
녹슨 탄피는 철책선 아래 발굴되고
비무장지대를 달리는 청춘이 저린 늦은 아침
눈꺼풀에 무거운 쇳밥이 쌓이고
일곱 시에 떠난 기적이 돌아온다

동행

관절염을 묻으러 몰운대 공원 가는 길
왜바람이 뜨거운 입김을 물고
한둔했던 지난밤을 떡갈나무 가지에 널어 말린다
무릎 안에서 오솔길은 휘청거리고
보푸라기로 무너지던 관절은 걸음마다 지문을 남긴다
노을은 기척도 없이 비틀거리는 무릎과 손을 잡는다

귓불을 당기면 어린 이명이 숨어있다
술래에 잡힌 달팽이관은 두 걸음 느린 문장을
혀 짧은 언어로 쏟아낸다
부재중인 보청기에 귓바퀴는 술래를 듣지 못하고
귓속에서 길을 잃는다
나는 노을정 갈대 사이에 귀를 숨긴다

사랑니가 아파야 할 때를 주사한다
밤이면 홀로 도는 시린 바람에
더치커피 마시며 말라 버린 침을 핥는다
혀 속에 파랗게 질린 카페인에도
큐피드 화살은 닿지 않는다

〈
내가 사랑니에 깊어져야 할 시간이다

숲 그늘이 구겨진 허리에게 쉬어가라 이른다
등줄기서 미끄러지는 햇살은 바른걸음으로 곧장 가라 하는데
허리는 그늘을 돌아보고 또 돌아본다
벽에 기대면 노을이 풀어놓은 그물에
실눈 뜬 눈썹달도 발자국을 거두고
시간은 걸음마다 할미꽃밭에 초침을 묶는다

그린 장미에 끌리다

들리나요
지혈되지 않는 오월
치명적인 푸름이여
손톱같은 가시여
지상에 떨구지 못한 꽃잎 한 장
하염없이 겹다

보이나요
동공을 파고드는 오월
창백하게 젖은 입술이여
가슴 사른 꽃잎이여
가시 뒷편 차가운 눈물방울
하염없이 겹다

눅눅한 벽

바다가 거실 벽에 출렁거린다
나는 파도에 밀려간 성원도를 찾아
빗살무늬 행간을 뒤적인다
나침판 잃은 섬을 건진다
따개비가 붙은 바위에
엉켜 있는 해초 머리카락을 푸는 순간
바다에서 엔젤피쉬가 쏟아진다
손등을 넘나드는 파도에
모래성이 휘고 함초가 무릎을 꺾는다
바다를 허공에 매단다
벽에 절여 있는 소금을 훔치고
흩어진 바다를 수족관에 밀어 넣는다
편백나무 틈으로 스며든 고래
물에 젖은 벽은 포말을 게워낸다
노을에 물든 수족관은
또 어떤 물결을 주먹 쥐고 있는지
손가락 끝에서 비늘로 돋는 허기가
실금을 때린다

저녁 8시에

약속 시간이 삼십 분 지났다
앉아 있는 눈이 느린 초침을 세고
커피 맛을 출구에 묶었다
문이 열릴 때마다 바랐지만
친구 머리카락은 보이지 않는다
해바라기가 피어있는 문엔
색바랜 기다림이 노랗게
가늠할 수 없는 기적으로 몽우리 진다
유리창을 덮는 어둠이 짙어지면
입꼬리에 붙은 갈증이 테이블에 쏟아진다
입술을 태우던 커피잔에
잿빛 너울성 파도가 출렁이고
퇴행성 초침이 마주한 의자를 관통할 때
지나간 시간의 **뼈**를 추려낸 손엔
둘레를 잴 수 없는 파도가
물구나무 선다

절대 고독

펄럭이는 눈빛이
무영등에 눈시울 묶는 날
송곳니 드러낸 어둠이 몸집을 키운다
서 있는 이불자락에 베인 밤
침대 모서리에 귀 세우고
허공을 걸어 다니는 눈동자
게자리를 창턱에 걸쳐 놓는다
창밖엔 찹쌀떡 외치는 시간이 흐르고
아침을 향해 떠나지 못한 기차표는
잠옷 주머니에 동정녀로 구겨져 있다
멈춰버린 톱니바퀴
달팽이관에 집 지은 지 오래
가위로 오려낸 잠이 속눈썹 위에서 외줄을 타도
깊이를 잴 수 없는 어둠은 파문조차 일지 않는다
눌어를 머금은 입술이 주름지고
마른 입김이 부식되어가는 유리창에
하얀 밤이 흘러내릴 때
그믐인 갈구렁빛 눈에 쥔 내가 서 있다

시간을 분양하다

소꿉친구들을 만났다
손끝이 맛있다는 드립 커피 향을 베어 물다
하늘에 주소를 둔
부재중인 친구들을 떠올린다
가슴을 짓누르는 긴장감이 역류한다
탁자 건너편에서는
선택된 숙이 이야기에 불꽃이 인다
불씨를 나르는 윤희 입술은 늙지도 않는다
종일 휴대폰을 놓지 않는 숙이
친구들을 호출하는 손가락엔
시비를 가릴 수 없는 다툼이 넘쳐났다
겉도는 언어에 달팽이관이 귀를 닫을 때
볼에 붙은 심술이 늘어지고
검은 혀는 술래를 접고 머리카락을 숨겼다
차양에 그늘이 들어
햇빛 쬐는 시간이 길지 않던 날
죽을 고비를 넘겼다는 숙이 얼굴을 내밀었다
예전과 달리 겸손해진 손가락과 솜사탕 문 혀끝에
친구들은 시간을 분양해 주었다

숙이는 지금 그 시간으로
혀에 묻은 가시를 빼고 있다

늙지 않는 의자

내 눈에 쏟아진 시간 저편
몸서리치는 소리 뼈가
손바닥 지문마다 소용돌이친다
단발머리 소녀가
찔레꽃을 입고 의자에 앉았다
주름 잡힌 머리카락 손에 잡히지 않고
입술에 닿은 바람이 붉게 물든다
매 순간 얼굴 고치는 길을 바라보며
오그라드는 심장 다독이고
한 줌 호흡도 혀끝에 묶었다
초침이 닿는 걸음마다
보랏빛 미소가 밟혔다 날아가고
휘파람 걸린 문 앞에선 무수한 꽃잎이 졌다
밤이면 내려오는 별들
가시 돋친 입술이 머물다 간 침상엔
목청 쉰 기침이 출렁거렸다
십삼 월 휴식 같은 잠이 해협을 건너
씻겨야 할 파도로 의자에 쌓였지만
내게 시간은 흐르지 않는다

단풍나무 선물

언덕 위 단풍나무는
가지 사이에 햇빛을 가두고 산다
서늘바람에 손끝이 저려도
동맥 뛰는 소리가 귓불에 매달리고
초가을 햇빛이 청설모 붓으로 걸어와
푸른 잎맥 숨통을 틔운다
북두칠성이 머리에 내려앉는 밤
초승달이 가을을 고백하고
비취빛 스란치마가 출렁거린다
구절초 손톱이 무뎌진
몰운대 숲속을 순례하는 갈빛 바람
직벽 타고 흘러내리는 집시 안개가 멍을 키우면
애기단풍도 떡잎이 진다
눈에 숨어 날 지켜보던 만추가 산란한 밀어
단풍잎은 한 겹 한 겹 속옷을 벗고
차마 볼 수 없는 눈썹 사이로
붉은 윤슬이 조각보를 깁는다

구름을 먹다

비행운이 사라진 허공에
늘어지던 춤사위가 보이지 않는다
고봉밥으로 솟은 새털구름을 짊어진 하늘
어깨는 무겁지 않다
적운을 가르지 못한 지 오래
앉은뱅이가 된 비행기
날지 못한 날갯죽지 녹슨 옷이 두껍다
델타 바이러스 침윤에
서랍에서 기다리던 시간이 캐리어를 두고
몽골 테렐지 초원으로 떠났다
채운을 삼킨 푸름이
낯선 야생화 천국 흡스골 호수
보랏빛 솔체꽃에 어둠이 서걱거리면
키 작은 패랭이꽃 델타를 피해
쌍봉낙타 발아래 숨죽이고
낙타 꼬리에 닿지 않는 시간 너머로
허기진 티켓이 뿌리째 소각된다
하늘은 언제 초청장을 보낼지
고비 사막을 횡단하는 말발굽 소리에

맥 빠져 열려 있는 서랍이
말없음표만 무수히 찍는다

강물 소리

새가 되어 날아간 그녀
눈썹 위로 다뉴브강이 범람한다
물 갈피 사이로 숨결이 흩어지고
뱉을 수 없는 모음은 입가에 말풍선을 달았다
해가 지지 않는 어둠을 뉴스에 담았다
잠들지 못하는 부다페스트
포도주에 젖은 거뭇빛 입술이 눈시울을 닦는다
검은 강물이 귓불에 밀려오고
부어오른 목소리는 먹구름을 부른다
몸집을 키우며 빠르게 흐르는 강물에
눈물을 감추기엔 동공이 아프고
오뉴월 한기가 피부를 찌른다
물속을 살피던 불빛이
눈 시린 갈피 한 장 건졌으면,
정심사를 품고 살았던 눈부처가 그녀라고
공양실 손부처가 그녀라고 목을 놓았다
(……)
물에 헹궈도 하얗게 살아나는 졸음
호흡이 빠진 강물에 그리움이 쏟아졌다

비가 전하는 말

비설거지를 하라 했을 뿐인데
둥근 파도가 뒷걸음질 치고
창틈에 끼어있던 매지구름
윤나는 머리카락을 세운다
하얗게 걸어오는 키다리
빗금 친 허공에 한 가닥인 줄 알았던
빗줄기 무리가 거세지고
발 적셔 본 적 없는 다대포 바다에
표정 없는 큰 키들이 신발을 벗는다
파도를 농락하는 펄럭이는 눈빛이
접힌 눈썹에 포말로 수를 놓지만
마른 우산은 장화를 신지 못한다
고개 숙인 어스름 젖은 시간으로 머물고
오려지지 않는 빗방울이
패인 쇄골에 샘물로 고일 때
창밖을 내다보는 그림자
떨리는 입술을 깨문다

마른 잠에 파도를 타다

눈썹에 엉킨 잠이
몰운대 높이로 쌓인 휴일 아침
천 번 손짓으로
만 개 파도 갈피를 일으켜 세우는
윈드서핑 맨발들에
다대포에 누운 해수욕장이 어수선하다
잇몸 드러낸 포말이 흩어지고
밟혀도 숨을 쉬는 모래알이
파도를 타고 수평선에 금을 긋는다
해변 망루 푸른 그림자
갈매기 날갯짓으로 시선을 살 찌우고
지척을 갈라 세우는 서핑에
파도는 가시를 쏟아낸다
모래알을 세고 또 세어도
마르지 않는 눈썹 앞에
젖은 눈빛 초이스 향기에 담고
머그잔을 든 내가 바다를 로그인한다

벌판에서

빗장 풀린 을숙도
초저녁 잠을 품은 가시박덩굴이
뜨거운 그늘을 쏟아낸다
노래 젖은 그늘에 웅크린 흡혈귀
어둠이 짙어지면 늘어나는 날갯짓에
이명이 몸살을 앓고
귓불에 한 여자가 매달린다
속살을 뜨겁게 그리워하고
한 번 애무에도 임신하는 그녀는
가슴에 꽂은 빨대를 남긴 채
가시박덩굴 한 줄기 입에 물고 떠난다
지울 수 없는 흔적은 조각되어
달포가 지나도록 붉은 각질로 남는다
꿈에서도 품고 싶지 않은 그녀
빗장 열린 을숙도 수풀 속을
눈 감은 채 휘젓고 다닌다

이수도 선착장

물이 무서운 그녀는
파도를 밟고도 발가락을 펴지 못한다
날 선 너울에 눈썹을 말고
바다에 빠진 햇살 굽은 등줄기에
느린 허기를 심는다
소금 빛에 뱃고동 꼬리를 물고 온
입술 야윈 갈매기 붉은 눈동자
선미에 내려앉을 즈음
빠른 걸음들이 빠져나간 포구에
파도 갈피 가득한 어망을 내려놓는 어깨
긴 그림자가 무겁다
해풍에 그을린 팔뚝은
만선 꿈을 등대 아래 풀어놓고
채워지지 않는 민박집에 휴대폰 목줄을 죈다
포구엔 한가한 닻줄이 긴장하고
푸조 나뭇가지가 젖은 얼굴로 바다를 쓴다
그녀는 모래 넝쿨로 자라는 멀미를
해변에 묻고

보이지 않는 남자

벽에서 속옷이 마르고 있다
누렇게 바랜 벽지를 닮아간다
햇살 한 움큼 삼킨 구멍 난 러닝이
가 버린 앙코르와트 남자를 기다리며
태엽 풀린 시계만 들여다본다
303호 불 꺼진 창이 석 달을 기다렸다
마른 싱크대에
젖은 버짐이 달맞이꽃으로 핀다
가스레인지 위에 '불조심'이 식어간다
남자는 알고 있을까
식탁 모서리에 앉은 밥알이 야위어가는 것을
우편함에 쌓인 지문들이 두런거리는 것을
까닭 모를 부재, 문을 열 때마다
하얗게 웅크린 시계는 석 달 전 그대로다
괄호 밖 시간이 어디에 있는지
비상 열쇠 구멍을 들여다봐도
실마리를 찾지 못한다
보이지 않는 남자

그리운 소금꽃

창틈으로 새어든 구겨진 햇살 만지니
옌징* 소금 우물이 손끝에 닿는다
돌마* 손길이 차마고도 소롯길을 밝히고
닳는 게 아까워 향기만 맡는다는
지문 묻은 립밤이 콧망울에서 날아다닌다
바람이 숙성되는 봄
이천 년을 살찌운 간물 나르는 그녀
물지게가 소금 땀에 절고
햇볕 든 염전에 물의 씨앗이 싹을 틔운다
셀 수 없는 햇살과 더 셀 수 없는 바람에
도화가 얼굴을 내밀면
그녀 손가락 마디에도 불거진 도화꽃이 핀다
마을 밖을 나가 본 적이 없다는 돌마여인
초코파이 쉬 열지 못하는 볼우물이 설렌다
이틀 뒤 그녀에게 나는 언니가 되었고
등에 맺히는 눈물에 뒤꿈치가 시렸다

*옌징 : 티베트에 있는 소금 마을 *돌마 : 소금 마을에 사는 여자

칠 센티

칠 센티가 무너졌다
무너진 높이를 물고 있는
맨홀 뚜껑을 꼬집고 굽을 뺐다
휘청이는 종아리, 어깨가 기울었다
어둠이 동공을 애태울 때
두리번거리며 찾은 수선집
문이 닫혀 결핍이 있다
두 번째 집도 불이 꺼져 있다
기울기를 맞추느라
다른 칠 센티를 바닥에 쳤다
힐끔거리는 시선 뒤로
나를 기울게 세워둔 상점 유리창이
혼자 웃고 있었다

생일

그대 의자는 어디에
(……)
애끓음에 허기진 의자는
눈에 담은 시간을 분지르기 시작했다
발밑으로 떨어지는 초침이
가시가 된 목젖으로
오지 않는 그대 안부를 묻는다
종일 손가락 아린 비가 내리고
의자는 꿈을 키우던 책갈피를 펼쳐
화석이 된 속내를 촛농에 말린다
미역 가닥 틈새마다 물비늘 바람이 인다
바람을 비켜서다 부딪힌 눈썹에
눈물 꽃 피는 날
훔쳐 온 속내로 의자를 채운다

번개 몽타주

홀로 가는 밤이다
아무도 없으므로 백지와 놀기 좋다
심지 돋운 불씨 하나 흐느적거려
성냥 있는 곳을 눈여겨볼 때
창밖 폭풍이 번개를 데리고 왔다
유리창 안 어둠과 바깥이 충돌한다
연필 끝에 짐을 푼 번개 불빛
열 오른 빛이 창 모서리서 서성거리고
손톱 숨긴 별빛 아래
낯선 빛을 모아 그림을 그린다
봉긋한 얼굴이 설악산 울산바위다
눈시울은 파도에 내려앉은 노을이다
손끝에서 풀어지는 선과 선 사이가 기흉이다
지우개 똥이 쌓이고
연필 스치는 소리가 걸어간다
멋대로 가는 선과 눈 맞추느라 숨이 꺽이지만
빛으로 백지를 메꾸고
행간에 들어찬 공기를 빼는 동안
하얀 밤이 돌아갔다

□ 해설

외롭고 쓸쓸함, 그 후유증

강영환 (시인)

　나이가 든다는 것은 늙어가는 것이 아니라 익어 간다는 말은 나이 든 사람들의 자기 위안이라는 것을 들먹이지 않더라도 사람들은 나이가 들수록 세상을 폭넓게 바라보는 시각은 아름다워 보인다. 물론 자기 아집에 빠져 더욱더 좁게 바라보는 분들도 없지 않지만 그런 경우는 극히 일부분이고 대개는 여유롭고 포용적이며 매사에 신중을 기하는 모습은 연륜의 깊이가 주는 무게감이랄 수 있다. 노년에는 과거를 회상하고 손자를 무릎에 앉히고 걸어온 자신의 길을 되돌아보며 용서할 부분은 용서하고 반성할 일은 반성하며 세상과 타협하며 한껏 자기를 알아가는 위치에 있다할 것이다. 이제 명은애 시인도 4시집에 이르러서는 지나간 자신의 삶을 돌아보며 마음에 깊이 새겨진 세상을 드러낸다. 그럼으로써 자신이 속해 있는 세상을 깊이 읽고 이해하고자 하는 것이다.

2012년 《청옥문학》에 추천을 받으면서 등단한 명은애 시인은 그동안 『그대 가까이』, 『시간은 디자인된 삶을 재단한다』, 『본질에 빠지다』등 세 권의 시집을 상재한 바 있는 꾸준히 자기 세계를 넓혀온 시인이다. 명은애 시인의 이번 작품에서 느낄 수 있는 의미는 따뜻함이다. 화려한 언어가 시인의 호사 취미를 뛰어넘는 정신의 세계를 구축해내는 힘이 내재된 것이다. 그러기에 명은애 시인의 작품은 어딘가 낯설어 보이기도 하지만 친숙한 느낌을 주는 것도 바로 의미의 따뜻함에서 비롯되지 않았나 싶다. 그리고 명은애 시인의 시의 제재도 일상의 주변에서 흔히. 만날 수 있는 소소한 것들에서 취하고 있다. 자신이 살고 있는 다대포와 몰운대 풍경들 속을 거닐면서 눈에 들인 소소한 것들 사이를 비집고 들어가 그들이. 빚어내고 있는 의미들을 발견하고는 속내를 잽싸게 들추어 보여준다. 대단한 순발력이다. 시는 발견이라고들 한다. 우리 생활 수변에 널려있는 숱한 이미지들과 벌이지는 사물 간의 의미들을 발견해내는 일이다. 존재하는 그것들을 시인의 눈이 포착하여 하나의 유기체로 생명력을 부여하여 세상 가운데로 내보내는 것이 시다. 명은애 시인의 시에서 그런 방법론을 쉽게 볼 수가 있다.

  신선동 중복도로 오르막길
  끄트머리 전봇대가 김씨 집 문패다

길을 오르는 김씨 땀방울이
웅달진 고샅길을 적신다
일손 없는 하루 부뚜막에
쌀통은 무시로 시커먼 웃음을 흘린다
문풍지에 스미는 칼바람을
묶지 못한 방문이 쌀컹거리고
헤진 이불 속에선
여섯 엄지발톱이 발씨름 한다
아랫목이 싸늘하다
한 줌 폐지로는 구들장 발꿈치도 데우지 못해
장판을 들추어도 긁어낼 온기가 없다
우물 속 새벽달이
물그림자로 잠이 들 때
아이들은 아버지가 건네준 풀빵 한 개로
허기진 밤을 밀봉하며
무쇠솥에 밥물 솟는 꿈을 꾼다

―「젖은 길」 전문

이 작품은 산동네에 사는 어렵고 가난에 찌든 한 가족의 삶을 객관화시키면서 가족간의 따뜻한 우애를 나누는 모습을 보여준다. 신선동은 부산영도에 있는 산동네이다. 그 동네에 사는 김씨는 일용근로자로 가족의 생계를 꾸려 나간다. 하루 맡은 일이 없을 때는 가족들 저녁 식사를 걱정해야 하는 것이 일상사이고 쌀통은 비어져 시커먼 웃음만을 날린다. 문풍지를 울리는 바람은 사정이 없고 이불 속에서 여섯 엄지발톱이 씨름을 하는 것도 아랫목이 싸늘하기 때문이다. 한 줌 폐지로도 데울 수 없는 구들막은 장판을 긁어내어도 온기를 찾을 수가 없다. 우물 속 새벽달이 물그림자로 잠이 들 때 아이들은 아버지가 건네준 풀빵 한 개로 허기진 밤을 밀봉하며 무쇠솥에 밥물 솟는 꿈을 꾼다. 가난하지만 꿈을 버리지 못하는 아이들의 온기를 느낄 수 있는 작품이다. 명은애 시인이 바라보는 사회인식이 담겨있는 작품이다. 어렵고 힘들지만 그것을 이겨내는 꿈을 지니고 있어 세상은 아름답다는 전제를 가진다.

사천 서포 해안 그늘집
사그락담 너머 늘려오는 가락은
청도댁 정수리에 달이 걸릴 때까지 멈추지 않는다
창문 높이만큼 쌓인 이력
턴테이블 바늘 등뼈가 달빛에 휘고
놓아인 그녀 눈에
남편 것인지 그녀 것인지 모를
닫힌 가사들이 쌓인다
궁핍한 생활에 입술은 허기져도

노래가 밥 인양 배 불리 듣던 남편이 어느 날
노래 한 장 옆구리에 낀 채 집을 나갔다
소리 없는 그녀 절규에
문풍지 스미던 바람도 숨을 죽였다
둘레를 잴 수 없는
검은 몽우리를 품고 산지 오십 년
그녀는 남편이 모아둔 포노시트를 보며
한 번도 가져 본 적 없는
소리 나이테에 쌓인 먼지만 닦는다

―「포노시트」 전문

포노시트는 보통의 레코드판보다 얇고 부드러운 비닐이나 플라스틱으로 된 음반으로 소노시트라고도 부른다. LP와 CD 사이에 나온 음반 매체인데 간단하게 말하면 아주 얇게 만든 LP라고 보면 된다. 얇게 만들다보니 휘어지는 특성 때문에 플렉시 디스크란 이름이 붙는다. 수명이 짧은 대신 값싸게 만들어져 소모품적인 면이 있다.

이 시의 내용은 경남 사천 서포 해안 집에 놓아인 청도댁이 살고 있는 데 놓아인 아내를 두고 가출한 남편이 수집한 포노시트가 여럿이 있다. 그 집에서는 노랫가락이 들려오는데 밤늦도록까지 그치질 않는다. 노래를 담고 있는 포노시트는 청도댁을 상징적으로 보여 준다. 청도댁은 남편을 잊지 못해 밤이면 담긴 노래를 틀며 남편을 그리워한다. 버림받아도 원망하지 않고 소리 나이테에 쌓인 먼지만 닦으면서 끝내 기다림을 멈추지 않는 한국의 여인상을 물렁하게 잘 휘어지는 포노시트란 사물에 빗대어 상징적으로 보여준다. 그것은 우리네 여인들이 지녀왔던 정서가 아니었을까?

좋은 시란 어떤 시를 이르는 것인가에 대한 탐구는 시인마다 개인적으로 많이도 모색해 보았을 것이다. 이른바 리차즈의 '훌륭한 시'의 의미에 값하는 작품으로 꼽는 경우도 있을 것이다. 리차즈는 우선 시적 상상력을 수단으로 경험의 전체성을 노리는 시라고 말한다. 이는 은유적 인식능력을 바탕으로 이뤄지며 경험의 전체성을 구체적으로 형상화하는 능력이 수반될 것이다. 여기서 은유적 특성으로 들 수 있는 것으로 아이러니, 역설, 긴장을 수반하며 덧붙여 구조적으로 다양한 개념을 갖춘 이런 다양성을 갖추기란 쉽지 않다. 그래서 좋은 시로 가는 길은 멀고 험난하다. 독자들은 통상적으로 감동을 주는 시, 낯섬을 주는 시, 행복을 주는 시 등을 읽고 싶은 시로 꼽는다. 시인이면 자신의 시가 독자의 사랑을 받았으면 하는 바램을 담고 쓰겠지만 그런 작품은 쉽게 만날 수 없는 것이 현실이다. 왜냐하면 독자의 기호도 천차만별이니까 다수 대중으로부터 동시에 박수받기는 어렵다. 시인은 현재의 독자들만 바라보고 시를 쓰지는 않는다. 시인에게는 미래의 독자도 있다는 것이다. 시는 예술이기에 그 생명력이 영원하다. 그렇기에 시를 읽는 독자들도 시인과 동시대 독자들만 국한되는 것이 아니다. 시에 생명력이 깃들여 오래 생존한 한에는 미래에 만나질 수 있는 독자들이 있다는 것이다. 우리는 당나라 시대의 이백이나 두보의 작품을 지금에 접해 볼 수도 있는 것도 그러한 이유이기도 하다. 그렇기에 현재 동시대의 독자도 중요하겠지만 그에 국한하지 않고 미래에 올 독자들도 생각해서 작품 속에 꺼지지 않는 생명력을 깃들여 창작하는 것이 좋은 것이다. 그러므로 좋은 시란 생명력을 지닌 시도 포함될 것이다. 평론가들이 시를 평가하는 기준도 이런 모습이 아닐까한다.

그는 늘 강의실 뒤 끝자리에 앉았다
함께 섞이는 호흡과 분리되고
강의와도 무관한 모습으로 창밖을 보며
바람 뼈 자라는 소리에 귀 기울였다
해진 청바지에 낡은 군화
멋지지 않았으나 멋지게
내 동공을 빛나게 했던 그는
점심시간이 되면 벚꽃과 눈 맞추며
밥을 술 마시듯 삼키고도 취하지 않았다
니체를 눈에다 스케치하고

바람에 쓸리는 낙엽에 솜털 세우며
강의실에서 식당까지 걸음 수를 세던 철학 노트가
최루탄에 젖던 날
그는 학장동 벽돌 담장 안에 발자국을 가뒀다
삼월이 시월로 뜯겨진 날들은 복원되지 않고
학우들이 넣어주는 구메밥*에도
손에 잡히지 않는 선배 빈 도시락은
내내 취하지 않았다

—「구메밥」 전문

구메밥은 감옥에 갇힌 수감자에게 벽 구멍으로 몰래 들여보내는 밥을 말한다. 학생운동으로 구속된 급우에 대한 서사다. 청바지에 낡은 군화는 1970년대 가난한 대학생들이 가질 수 있는 최선의 패션이었다. 니체를 사랑했던 허무주의자였고 순수한 대학생이었던 그 남학생은 학교 내에 체루탄가스가 난무하던 때 끌려가 감옥에 갇혔다. 순수한 주장들이 핍박받고 감옥에 끌려갔던 시기가 민주화 운동이 한창있던 때였다. 이 서사는 구메밥 이후의 모습도 「구메밥 2」에서 담아내고 있다. 한 시대를 증언해주는 서사라고 말하고 싶다.

명은애 시인이 바라보는 아픈 현실은 어렵고 힘든 이들의 모습들이 먼저 보였고 이 시대에 마침표를 찍고 죽어가는 이들도 지켜본 것이다. 시인이 만나는 세상은 아픔이 먼저 보인다. 지하철로 가는 지하보도에서 만난 걸인의 이중적인 모습에 분노한다(지하철 타러 가는 길), 옷가게 앞에서 소년이 구걸하는 모습이나(구포시장), 식물이 죽은 것같아 화분 흙을 화단에 버렸을 때 뒷날 그 버린 흙에서 살아난 식물에 미안함을 보내고(채송화), 재개발로 허물어지는 장롱에 대한 소회나(버려진 장롱), 산동네에 문패처럼 피어있는 채송화가 하얗게 말라버렸다든가(하얀 채송화) 자살로 생을 마감한 한 남자의 생애를 그린다.(마침표를 찍다) 한 사람의 일생의 흐름을 써내기도 하고(공중침대), 코로나 19에 갇힌 세상의 출구가 보이지 않음도 써냈다(보이지 않는 비상구) 18층 아파트에서 떨어져 죽은 아이에 대한 서사와(젖은 바닥에 가다), 헝가리 부다페스트 다뉴브강에서 침몰한 유람선에서 죽은 이들에 대한 안타까움도 표출한다(강물소리)등 현실에서 일어나고 있는 아프고 우울한 삶들을 접하면서 스스로를 유폐시키고 세상과 만나기를 두려워한다. 현실에 대한 두려움이 스스로를 고독하게 만들고 고독이 가져다주는 내면 성찰의 기회가 주어진다.

천장에 뜬 별을 세다가
창 두들기는 빗소리를 들었다
베개에 붙은 잠 꼬리를 따라가지 못했나 보다

이불을 파고드는 종이우산

접힌 살 속으로 손을 넣으니

젖은 얼굴이 만져진다

우산을 펼치면 별이 반짝일 것 같아

손잡이에 눌러앉은 그림자를 떼어내며

잠들 때까지 눈꺼풀을 살찌운다

빗소리와 동침한 밤이다

잠 깬 밀어들이 각질을 털고 나서야

손이 비에 젖어간다는 것을 알았다

가느다란 손가락으로

먹구름 행간을 들추니

물주름이 알몸으로 서서 간다

―「구월 비」 전문

  천장에 뜬 별은 잠이 오시 않아 세고 있는 별이다. 그러다가 종내에는 밤 깊어 오는 빗소리까지 듣는다. 잠을 따라가지 못하고 남겨진 벌판 빗소리를 이겨 내기위해 필요한 종이우산이다. 그 우산 속에는 젖은 얼굴이 만져진다. 비를 막아서는 우산을 펼치면 하늘에 별이 반짝일 것만 같아 우산 손잡이에 눌러 붙은 내 그림자를 떼 내며 잠들 때까지 눈꺼풀을 살찌운다. 밤 내내 빗소리를 들었기에 빗소리와 동침한 밤이 된다. 빗소리와 나눴던 밀어들이 각질을 털고 나서야 손이 젖어간다는 걸 느낀다. 가느다란 손가락으로 구름을 헤집으니 물주름이 알몸으로 앞서가는 걸 발견한다.

  이처럼 잠이 오지 않는 불면의 밤을 멋지게 형상화 시켜낸 작품이다. 신선한 이미지들로 살아있는 이 작품은 외로움과 고독의 향기가 물씬 풍긴다. 고독한 불면의 밤에 빗소리와 함께 지내보지 않고서는 이런 이미지들을 챙길 수가 없는 것이다. 명은애 시인이 사회적 시선으로부터 벗어나기 위해 가까이하는 도피처가 '홀로 있음' 고독이라는 빈방이다. 빈방에서 갖는 외로운 심사는 부차적이다. 이 공간에서 명은애 시인의 날개가 펼쳐지는 곳이라 말 할 수 있다.

눈에 든 남자와
눈 맞추며 손잡은 적 있다
그늘진 곳을 찾아 영화 본 적도 있다
거울을 보며 속마음 비춰본 적도 있다
앞날을 함께 만들자 말한 적도 있다
비밀을 키우며 물 준 꽃도 있다
(애잔한 바람이다)

눈에 든 남자와
에스프레소 향기로 손잡은 날 없다

바람에 날리는 그림자에 마음 출렁거린 날도 없다
귀 기울여야 할 무언에 눈시울 붉어진 날도 없다
보랏빛 수국 잎을 은유로 뿌린 날도 없다
잠든 숨결이 만날 거라 생각한 날도 없다
(계속 꾸고 싶은 꿈이 아니다)

가야 할 길을 지문으로 새겨둔 가슴
묵혀둔 빗장을 여니
속내에 끼인 책갈피가 몸을 일으키고
도끼 눈 하나 발등에 떨어진다

—「발등을 찍다」 전문

 1연은 눈에 든 남자와 함께 나누던 사랑의 구체적 모습을 보여 주었다. 2연에서는 눈에 든 남자와 일정한 거리를 가지며 사랑을 배척한 모습을 그린다. 사랑의 감정을 느꼈을 때와 그 감정을 잃었을 때를 비교하니 그것들은 지문으로 가슴에 새겨넣은 내가 가야 할 길임을 알았다. 지나간 때 그런 일들을 문을 열고 끄집어내니 가슴 속에 둔 책갈피가 몸을 일으며 내게 알려 준다. 그리고 도끼가 눈을 떠서 내 발등을 찍는다. 이제부터라도 사랑하고 살아라는 의미가 아니겠는가. 외롭고 쓸쓸함이 가져다주는 암울한 시대의 돌파구는 사랑이라는 출구를 발견하게 되고 그렇게 인식한 명은애 시인의 사랑은 어디서나 발견하고 싶고 느끼고 싶은 적극성을 지니게 되었다고 본다.

몰운대 객사 막새 끝에 매단
눈 새까만　전단지
여름 가고 다시 여름이 와도
말 거는 바람이 없다
파도 갈피에 머리카락 세고
발자국이 작아져도
눈길 주는 들꽃도 없다
모서리가 해져 배가 고픈 전단지
손가락 물고 있는 빛바랜 글씨
장맛비 내려 먹구름이 속살을 보여도
말 걸지 않는 꽃들에게
시름한 목젖으로 묻는다
'우리 사귈래요'

―「애인을 찾아 나서다」 전문

다대포 몰운대에는 공공 건축물인 객사문이 서 있다. 그곳 막새기와 끝에 전단지가 걸려 있는데 새까만 눈을 뜨고 있다. 바람도 전단지에게 말을 걸지 않는다. 파도 갈피에 늙어 가고 발자국이 작아져도 눈길 주는 들꽃도 없다. 모서리가 헤져 배가 고픈 전단지 손가락이 물고 있는 빛바랜 글씨는 장마비가 내려 먹구름이 속살을 보여도 말 걸지 않는 꽃들에게 먼저 힘없는 목소리 자신없는 말로 묻는다. '우리 사귈래요'라고 오래 홀로 된 전단지가 얼마나 외롭고 쓸쓸 했으면 말 걸어오지 않고 외면하기만 했던 꽃들에게 스스로 가서 우리 사귀자고 말을 건다. 여기에서 전단지는 시인에게 타자이다. 시인의 의미를 대신해서 드러내 주는 역할을 한다. 혼자 지냈던 시간들이 쌓일수록 그것을 보상받기 위해서는 사랑이 필요하다. 바람이 와서 말 걸어 주기를 바랐고 들꽃이 와서 방긋 웃으면서 아침 인사를 해주었으면 하고 얼마나 속으로 기대하고 막새 끝에 외롭게 시간을 죽이며 보내었던가. 시인의 눈은 전단지가 가진 외롭고 쓸쓸함을 진즉에 읽어 냈던 것이다. 그것은 자신이 처한 모습과 지극히 닮은 꼴이었기 때문이나. 보건대 명시인이 발견한 사물 사이의 의미는 사랑이다. 사랑이 느껴지는 사물들 표정에서는 따뜻함이 느껴질 수밖에 없다. 사랑을 느끼려는 시인의 태도에서 비롯되지 않았을까

　사랑을 발견하는 일은 시인의 시선이 긍정적이어서 대상들이 지닌 작은 사랑이라도 눈에 들게된 것이리라. 사물이 가진 따뜻함은 생명에서 온다. 살아 있기에 따뜻함이 있다. 사물의 이해 없이는 생명을 느낄 수 없다. 그것

은 곧 사물의 본질에 접근하지 않고는 이해한다고 말할 수 없다. 명은애 시인은 3시집에서 사물의 본질에 대한 탐구를 하였다. '외부의 대상과 만났을 때 반응하는 태도를 대상 속에 숨겨놓고 작품 속에서 또 다른 모습을 발견해 내거나 대상 속에 숨어 있는 또 다른 자아와의 만남을 꿈꾼다. 갈등이기보다는 화해를 시도하는 쪽이다. 다시 말하면 사물과의 갈등 구조를 화해 형식으로 풀어내고자 한다'고 보았다. 이번 4시집은 그 연장선상에서 이해될 것으로 보인다. 본질에서 한발 더 나아가 사물 사이에서 이뤄지는 교감을 읽어내는 모습이다. 모든 시인이 다 그러하듯 명은애 시인은 과학적 논리로 사물의 관계를 파악하려는 것이 아니라 정서적 관계를 설정한다. 그것은 사물의 문제이기보다는 시인의 정서적 훈련에 힘입은 바이다. 대상에 내재하는 따뜻함을 발견함으로써 자아의 존재를 파악하는 방식이다. 그 따뜻함은 시인이 찾고자 하는 사랑이다. 그의 시에는 다양한 사랑의 모습들이 나타난다. 외롭고 쓸쓸함의 후유증을 치료하는 방법으로 스스로 사랑을 처방한 것이다.

  가늘은 네 눈썹이 이슬비가 되면
  내 눈시울도 붉어져 이슬비가 된다
  말없이도 허공이 젖는 시간
  잠든 별들 눈이 열리고

나무들 귀가 트인다
우리는 온몸으로 비를 불러들이고
샘터에서 다시 솟는 웅얼거림은
조약돌을 딛고 올라
파문 지는 빗줄기를 키운다
어둠 속에서 눈 밝힌 수은등이 젖는다
나누는 동공이 피워낸 불꽃은
먼바다를 돌고 돌아
강물 빛 심장으로 빗장을 푼다
우리는 젖은 길을 함께 걷고
불꽃을 움켜쥔
새벽 두 시를 젖게 한다

―「봄비 연인」 전문

가늘은 눈썹이 봄비로 내린다. 내 눈도 그대 눈에 젖어 이슬비가 된다. 서로가 서로에게 비가 되는 봄이다. 그럴 때는 말없이도 허공이 젖는다. 허공이 젖으면 별들이 눈을 뜨고 나무들 귀도 트인다. 우리는 온몸으로 비를 불러들이는 봄이다. 샘터에서는 웅얼거리며 샘물이 솟는다. 솟는 샘물은 다시 비가 된다. 어둠 속에서 눈 밝힌 수은등이 젖고 비가 되어 나누는 눈빛이 피워낸 불꽃이 먼 곳을 돌고 돌아 강물 빛으로 빗장을 풀고 들어선다. 우리는 젖은 길을 함께 걷고 불꽃을 움켜쥔 새벽 두시를 젖게하는 사랑을 나눈다. 그것이 봄에 만나는 연인들끼리 나누는 눈빛인 것이다. 아름답다. 사랑의 깊이를 봄비의 유랑으로 끌고 나가면서 불꽃으로 승화시켜내는 솜씨가 예사롭지 않다.

명은애 시인이 찾는 다양한 사랑에 대한 다양한 시편들은 깊이있는 사랑에 대한 보고서만 같다. 통도사를 연인과 함께 거닌다든가(꽃 먹는 물고기), 이별의 아쉬움도 쓰고(못 다 쓴 편지), 가까이하지 못한 연인들의 안타까움을 해변의 조각상에 빗대어 쓴(그림자 읽기), 차가운 사람을 가슴에 들여놓고 혼자 앓는 짝사랑(아픈 행복), 사랑하는 일과 사랑하지 않는 일에 대한 고찰(발등을 찍다), 이별 통보를 받고 느끼는 심정 (낙엽 지는 오후), 촛불같이 타는 사랑을 꿈꾼다(촛불 춤), 사랑의 아픔 혹은 이별의 아픔을 노래(나직이 불러 보는 이름), 그리운 사람을 생각해 보는 시편(끝사랑), 봄이 오는 몰운대 소식을 그대에게 전하는(몰운대의 봄),내 속에 솟는 불길에 가위눌리고 빗장 건 시간에 탈이 났다는 것(속불), 원두커피를 내려 먹는 여인이 남자를 향해 그리는 마음(바람결에 실려온 향기), 사랑에 대한 고통(나의 상사화), 다섯 남자의 고찰(내게 오지 않는 이들), 묵혀둔 오래된 편지를 꺼내보고 흘러간 사랑에 대한 아쉬움을 토로한다(다 하지 못한 인연), 이별 뒤에 남는 아픔과 힘든 마음을 고백한다

(홍가시나무), 사랑이 그리워지는 시간(동행), 생일에도 오지 않는 사랑에게 섭섭함을 보낸다(생일) 등과 같은 도처에 산재한 사랑의 감정들이 아픈 현실을 뛰어 넘게 하는 특효약임을 인지한 것이다.

영국의 시인 코울릿지가 말하는 시인이 사용하는 언어는 미적 쾌락을 추구한다고 하였다. 명은애 시인도 언어가 주는 아름다움을 추구한다는 주장에 가까이 다가선다는 의미다. 언어를 조합하여 낯선 이미지를 만들거나 반짝이는 재치와 지혜를 보여준다. 그것은 시인의 마땅한 태도이다. 독자들은 새로운 언어 사용에 환호를 보낸다. 그것이 명은애 시가 주는 아름다움이며 행복이다. 위 작품에서 찾아낼 수 있는 명은애 시인의 작품 특징은 감각적인 표현들로 이뤄져 있다. 객관화된 풍경을 그리고 그것에 만족하며, 언어가 주는 미적 쾌락을 추구한다. 그런 언어들을 시집의 앞부분에서만 들춰내보면,

냉갈시럽게(해미 깊은 날) 디새, 물씨(꽃 먹은 물고기), 물주름(구월 비) 갈구렁빛(절대고독) 십삼월 휴식(늙지 않는 여자) 바람 자라는 소리(구메밥 1) 소리 나이테, 턴 테이블 바늘 등뼈가 달빛에 휘고, 사그락담(포노시트)…

명은애 시인이 구사하는 언어는 화려하고 따스하다. 시

인이 구축하는 언어 조합에서 새로운 의미를 발견하고 그 의미들은 새로운 언어 조합으로 이뤄져 있음을 발견하고는 언어 탐구에 진심을 더하는 것을 느낀다.

 시인은 언어 디자이너라는 말에 충실한 태도를 지닌 명은애 시인의 언어 구사는 부단한 노력의 결과로 느껴진다. 시인이라면 마땅히 지녀야 할 태도이다. 사전에 잠들어 있는 생소한 언어도 발굴해서 적합한 이미지와 결합시키는 방법이 참신하다. 그렇다고 명은애 시인이 말장난이나 하는 부류의 시인과는 확연히 구분된다. 무의미한 언어의 조합이 아닌 어떠한 의미라도 드러내고자 하는 의미가 존재한다. 그런 모습이 거슬리지 않는다. 일상의 언어 사용과 그다지 괴리감을 느끼지 않는 새로움을 준다는 것이다. 명은애 시인의 언어가 주는 묘미는 작품을 곱씹을수록 단맛이 난다. 부단한 노력. 없이는 이룰 수 없는 경지다. 이런 모습이 언어유희에 빠지지 않는 이유를 든다면 담고 있는 의미의 참신함에 있다고 본다.